W0242621

Victor Auburtin · Sand und Sachsen

Amrum
und Sachsen

Victor Auburtin

Sand und Sachsen

Ein Sommerbilderbüchlein
von Ost- und Nordsee
in Worten
Mit Zeichnungen
von Wolfgang Würfel

Im Verlag Das Arsenal

Ausgewählt und mit einem Vorwort von Peter Moses-Krause

Alle Rechte vorbehalten. © 2000 by Das Arsenal · Berlin
ISBN 3 931109 18 6

Vorbemerkung

Victor Auburtin war, wie man so sagt, ein großer Reisender; »Tourist« sagte er selbst unbefangen noch, ehe das demokratische oder militärische Epitheton *Massen* (je nach sozialer und politischer Großwetterlage) und das snobistische *Kultur* davor normal wurden. Er unternahm auch keine *Individual*reisen – das Individuelle und Individualistische war für Seinesgleichen selbstverständlich. Der Enkel eines royalistischen französischen Emigranten und Küchenchefs beim Preußenkönig Friedrich Wilhelm III. und Sohn einer »böhmischen Schauspielerin« war ein leiser Berliner Europäer (in diesem seltenen Fall keine inneren Widersprüche) und Journalist – als letzterer jedoch ganz und gar kein »rasender Reporter«, sondern gediegener Auskandskorrespondent von Theodor Wolffs legendärem *Berliner Tageblatt* in Paris [1911–1914], Genf und Bern [1917–1921], Madrid [1925–1927] und schließlich Rom [1928]. Und Feuilletonist, also ein nachdenklicher Beobachter des scheinbar Nebensächlichen und des Geisteszustands seiner Zeitgenossen.

Er »sehnt sich«, mokierte sich Kurt Tucholsky über die Gründe für Auburtins Reiselust. Das hätte er ebenso mißverständlich auch über dessen Idol Heinrich Heine sagen können. Beide sehnten sich nach einem andern Horizont als dem Berlins und der Berliner (Preußen, Deutschen): nach Schönheit, Menschlichkeit und Liberalität ohne Verbotstafeln, Grenzen, Pässe und Zöllner; nach gutem Trinken und Essen (was Auburtin bei Kriegsausbruch 1914 zum Verhängnis wurde, aber das ist eine andere Geschichte, nachzulesen in *Was ich in Frankreich erlebte*), guten Zigarren und kluger Unterhaltung. Solche Sehnsüchte führten kreuz und quer durch Europa, ins mittägliche Frankreich, ins maurische Spanien, ins Apulien Pans und Friedrichs II. und nach

Delphi, bestenfalls, und die Impressionen davon füllten, nachdem sie im Feuilleton des *Berliner Tageblatts* gedruckt waren, kleine schöne Bücher bei Albert Langen in München, wie 1924 *Nach Delphi* eben.

Nicht schlechtesten-, aber alltäglichenfalls warens dann oft eigentlich keine Reisen, bloß Ferienreisen, längere oder kürzere Ausflüge – von Paris aus an die Atlantikküste (wie *tout Paris* im August), von Berlin aus zum Beispiel an die Ost- oder Nordsee: kleine Fluchten, vor der ewigen Berlinerin Frau Piontek, die allein ihm schon jeden Gedanken an einen Urlaub in Balkonien verleiden mußte, und »etwas Besseres als den Tod findest du überall«. Damit Sie das nachempfinden können, steht das kurze Feuilleton »Blumensprache«, scheinbar unzugehörig in dieser Auswahl von Sommerferien-Feuilletons, gleich am Anfang.

Die Betonung der Auswahl auf Ost- und Nordsee-»Spaziergängen« ist gewiß willkürlich, zumindest mehr berlinisch und sächsisch als auburtinisch. »Berlin badet«, das sind eben Sommerferien in Heringsdorf oder Sylt. Natürlich reisten Auburtin und ähnlich spleenige Herren auch nach Marienbad oder Karlsbad oder Thale, aber das nennt der Berliner nicht Ferien, sondern *Kur*, und der Sachse sagt: »Das soll was heeßen!« Da die Berliner und die Sachsen jedoch die treuesten Auburtin-Leser sind, so etwas wie die Juden für Fontane, meinte der Herausgeber auf gewisse Stammeseigentümlichkeiten Rücksicht nehmen zu sollen (was auch, neben der schönen Alliteration, den Titel erklärt).

Diese Feuilletons aus den Jahren unmittelbar vor und nach dem ersten Weltkrieg wurden alle im *Berliner Tageblatt* gedruckt, und ganz Berlin las sie, zu Hause in Charlottenburg oder im »Bad«. Sie sind, denke ich, auch heute eine unterhaltsame Sommerlektüre – »für zwischendurch« in der Bahn, im Strandkorb, an Regentagen im Pensionszimmer in Ahlbeck oder Keitum. »Wir armen Feuilletonisten überleben uns nicht«, hatte Auburtin, gemünzt auf Karl Kraus' Freund Peter Altenberg, zwar geschrieben, aber das kann man so oder so verstehen; *so* verstanden heißt es: auf geheimnisvolle Weise bleiben sie aktuell oder werden es wieder von Zeit zu Zeit. (Man vergleiche zum Beispiel die bei Auburtin genannten Inflations-Preise mit den heutigen.)

Man sollte die Aktualität dieser »für den Tag« geschriebenen »Dingelchen« ja nicht zu hoch hängen (auch wenn vor Gott ein Tag wie tausend Jahre ist), sie ist manchmal nicht mehr als das Allzumenschliche – aber manchmal hat man doch das unbehagliche Gefühl von Gegenwart der Vergangenheit, als wärs für unseren Tag geschrieben. Als Ende der achtziger Jahre Heinz Knobloch, damals *Ost*-Berlin, den »vergessenen Auburtin« mir, seinem *West*-Verleger im anderen Teil Berlins, ans Herz legte, brachte er ein Feuilleton mit, das er in seine in der DDR erschienenen zwei schönen Auburtin-Auswahlausgaben nicht hatte aufnehmen dürfen: »Grenzen«, 1920 im *B.T.* und seither nicht wieder gedruckt; seinerzeit ein scheinbar harmloses Lamento über Beschwernisse beim Reisen von und nach Deutschland, konnte es fünfundsechzig Jahre später als allzu aktuelles Bekenntnis gegen »die Mauer«, das Schibboleth des realsozialistischen Grenzregimes, gelesen werden. Für Leser, die sich noch an die Unmöglichkeit erinnern, als West-Berliner in Usedom oder als Ost-Berliner auf Helgoland einfach ein paar Tage Sommerferien zu machen, an die Umstände einer Reise von Leipzig nach Hamburg oder von Köln nach Stralsund, steht das kleine Stück jetzt am Ende dieses Bändchens – und ist Gottseidank wieder nichts mehr als eine Reminiszenz an irgendeine alte Geschichte. Und ein Ausblick auf den europäischen Reisenden Auburtin, dem der fünfte Band der Werkausgabe (voraussichtlich im Jahr 2001) gewidmet ist.

Im Sommer 2000. P. M.-K.

Blumensprache

Welch schönen Balkon die Frau Piontek sich angelegt hat! Offengestanden, ich hatte ihr soviel Natursinn und Liebe für die Blumen eigentlich gar nicht zugetraut.

Vorn eine ganze Front von Geranien, mit Kornblumen abwechselnd; als Dach oder Laube hochgezogen und gewölbt die seltenen Gloxinien; um die Kapuzinerkresse in der Ecke sind die Bienen und Hummeln beschäftigt; weißes Tausendschön an der richtigen Stelle; und die wilden, mädchenhaften Petunien, bei denen man immer an Italien denken muß.

Auch ein rotlackiertes Gießkännchen ist da mit einem Landschaftsbild drauf, das wildbewegte Meer darstellend nebst einem Schiff und einem Leuchtturm in der Ferne. Wie gesagt, ich hätte ihr das alles gar nicht zugetraut. Sie zankt immer ihren Mann vor allen Leuten aus und hat eine sehr laute Stimme. Aber man sollte die Menschen vielleicht nicht nach kleinen Äußerlichkeiten beurteilen. Wer einen solchen Blumenbalkon hat, der muß irgendwo im Herzen ein stilles Paradiesgärtchen mit herumtragen.

»Frau Piontek«, sagte ich, »weiß Gott, Sie haben den schönsten Balkon, den ich je in meinem Leben gesehen habe.«

»Nicht wahr?« schrie sie mit funkelnden Augen. »Die ganze Straße platzt vor Neid.«

Die Insel

Wenn der Rügendampfer an der Insel Oie vorüberfährt, so herrscht an Bord immer eine gewisse Aufregung. Die feinen Herrschaften, die von Binz kommen, holen dann ihre Feldstecher hervor und betrachten die Insel so aufmerksam, als sei sie eine Nackttänzerin im Kabarett.
Nun muß gesagt werden, daß die Insel Oie eine solche Aufmerksamkeit wohl verdient. Sie liegt ganz einsam und klein inmitten der See, da, wo die gefährlichen Strömungen sind, und sie sieht fern und verloren aus. Ein Leuchtturm steht auf ihr und weiter hinten drei oder vier Häuser, die sich unter ihre großen Dächer geduckt haben; und die Bäume eines kleinen Waldes wissen vor lauter Sturm nicht, wohin sie sich biegen sollen. Auch lesen wir in dem Reiseführer, daß die Insel von zweiunddreißig Menschen bewohnt wird, die manchmal wochenlang vom Festland abgeschnitten sind.
»Wie reizend muß das sein«, ruft auf dem Schiff die Dame mit dem Rehpinscher, »so fern von aller Welt, dieser Frieden und diese Einsamkeit.«
»Meine Dame«, so möchte ich sie anreden, sage es aber nur zu mir selbst, »wer weiß, ob es wahr ist. An den Frieden glaube ich nicht, denn die Häuser stehen mir da etwas zu nahe beieinander; und für eine Einsamkeit sind bei zweiunddreißig Einwohnern jeweils einunddreißig zu viel.«
Durch mein Glas sehe ich einen Wagen, der über die Felder der Insel fährt, und kann darauf einen winzigen Punkt erkennen, was der betreffende Kutscher, also ein Mensch sein muß.
»Unglücklicher«, so rede ich ihn an über die Gewässer, »nicht nur ich, auch deine einunddreißig Mitbürger betrachten dich in diesem Augenblick auf das genaueste. Jeder von ihnen weiß, daß

du der Piet Hinrichsen bist und daß du die Grete Laarssen geheiratet hast; und zwar, daß du sie sehr schnell hast heiraten müssen, weil es höchste Zeit war.

Auch deine Geschichte mit der Steuerhinterziehung ist der gesamten Gemeinde wohlbekannt. Und wenn du heimlich Schritte unternehmen willst, um diese Sache beizulegen, so folgen dir einunddreißig Augenpaare aufmerksam. Sie verfolgen dich bis an deinen Tisch und in deinen nächtlichen Schlummer und bis in den tiefsten Traum.«

Piet Hinrichsen verschwindet am Horizont des Meeres; das Schiff aber rauscht durch die Wellen und strebt dem abendlichen Hafen zu, von wo der Weg zu dem Lärm der Städte geht.

Ach, es ist schon so, daß Einsamkeit und Stille nicht in den kleinen Orten und auf den Inseln, sondern in der Großstadt zu finden sind. Je mehr Menschen sich um mich bewegen, um so mehr bin ich allein und in der Wüste; wenn ich mit elastischen Schritten in der Straße durch die Menge schreite, die es nicht weiß und nicht wissen will, wo mich der Schuh drückt.

Spaziergang durch die Natur

Rügen, im August

Ich brach von der Kaiser-Wilhelm-I-Sicht auf und schlug die Richtung auf die Kaiserin-Auguste-Viktoria-Sicht ein, die in Meyers Reiseführer als ein einsamer, hochgelegener Waldplatz bezeichnet wird.

Man muß dabei den Luisen-Blick links liegen lassen und darauf achten, daß man nicht etwa aus Versehen nach der Kronprinzessin-Cäcilie-Sicht kommt. Der Weg geht immer geradeaus durch den Wald.

Auf diesem Wege hatte ich die Begegnung mit der Natter. Die Natter wurde durch meine Schritte aufgescheucht und floh vor mir her, was ganz unnötig war, da ich ja von Kindesbeinen an weiß, daß die Nattern harmlose Tiere sind, denen man nichts tun soll. Aber vielleicht wußte die Natter nicht, daß ich es weiß.

Sicher ist, daß sie eine Weile vor mir her floh; sie fand in der Böschung des Weges das rechte Loch nicht, und da – jetzt kommt das Merkwürdige – da habe ich gehört, wie sie vor Angst schrie. Sie stieß eine Reihe kurzer, wimmernder Angstschreie aus.

Selbstverständlich werden meine lieben Freunde jetzt vermuten, daß ich wieder einmal aufschneide. Aber das ist mir ganz gleichgültig. Sowie ich zu Hause bin, werde ich im Brehm nachsehen, ob die Nattern schreien. Und wenn es nicht im Brehm steht, dann habe ich es eben als erster entdeckt.

Was die Kaiserin-Auguste-Viktoria-Sicht anbetrifft, so stellte sie sich wirklich als hochgelegener, einsamer Waldplatz heraus, und alles war sehr erfreulich. Das heißt, die Einsamkeit dauerte so lange, bis aus dem Gebüsch eine weibliche Stimme erscholl, die rief: »Frau Probst, warum gehen Sie denn nicht mit Ihrem

Manne untergeärmelt?« Worauf aus weiter Entfernung eine andere weibliche Stimme antwortete und eine große Auseinandersetzung entstand.
Die hier anwesenden Berliner haben eine Gewohnheit, die man anerkennen muß: wenn sie im Wald spazieren, so gehen die Paare nicht nebeneinander, sondern jedes vom anderen auf hundert Meter entfernt. Und auf diese hundert Meter Entfernung unterhalten sie sich dann über die verschiedenen Pensionspreise. Es geschieht das zur Hervorbringung des bekannten Waldwebens.

Ich stieg nun zum Meere hinunter und schritt die klingende Brandung entlang. Dort stieß ich bald auf eine Gruppe von Menschen, die lebhaft durcheinander wirtschafteten, so daß ich zuerst glaubte, es sei ein Unglück geschehen.
Als ich näher trat, unterschied ich einen jungen Herrn im Kotelettenbart, der einen Marineoffizier mit folgenden Worten anschrie: »Mensch, was sehen Sie denn immer mich an? Sie werden von der Polizei verfolgt. Hinter sich müssen Sie sehen; und mehr gehetzt; mehr gehetzt! Die Aufnahme noch einmal.«
Ein schöner älterer Herr, der aussah wie der Oberhofprediger Dryander, stand daneben und schien das Ganze geistig zu leiten. Und nachdem die Aufnahme mit dem gehetzten Marineoffizier gelungen war, kam noch die Szene mit dem Faß. Das Faß wurde von zwei Männern in falschen Bärten die Düne hinaufgeschoben und dann in das Meer heruntergerollt. Da habe ich mich an den Oberhofprediger Dryander gewandt und er hat mir freundlich mitgeteilt, daß dieser Film *Der Fürst der Berge* heiße und in ungefähr zwei Monaten in Berlin aufgeführt werden solle.
Und es mag nun kommen, wie es will: diesen Film werde ich mir ansehen, weil ich nämlich glaube, daß ich auf die Szene mit dem Faß aus Versehen mit hinaufgekommen bin. Im Hintergrund, ein Herr in den besten Jahren, mit ein paar Blumen in der Hand und einem sehr abgetragenen Filzhut auf dem Kopf.

Das Wrack

Rügen, im August
Am Fuße des Königsstuhles bei Stubbenkammer liegt das Wrack eines großen Stettiner Dampfers. Die Fremden, die mit dem Boot von Saßnitz kommen, sehen dieses Wrack, wenn sie um die Felsenecke biegen; und dann erschrecken sie, weil der Dampfer so schön sauber dasteht und weil es doch so still auf ihm ist.
Zuerst denkt jeder, das sei ein Schiff, das gerade da angekommen ist; dann erst bemerkt man die unheimlich schiefe Stellung und versteht, daß hier etwas Totes liegt.
Die Einwohner erzählen, dieses Schiff, das *Svionia* heißt, sei von den Engländern mitten in der Ostsee torpediert worden und hier auf den Strand gelaufen.
Jetzt ist ein kleiner Steg bis an die Wand des Schiffes errichtet worden, und eine gefährliche Strickleiter führt auf das Verdeck. Und nachdem so ein Zutritt geschaffen war, hat man neben dem Steg eine Tafel angebracht mit der Inschrift: *Zutritt strengstens verboten.* Der Seeräuberkampf und der Schiffbruch sind wieder eingereiht in den strengen Zirkel der bürgerlichen Verfügung.

Selbstverständlich klettert jedermann an der Verbotstafel vorbei auf das Wrack hinauf, denn wozu hätten wir denn sonst eine Republik. Da oben aber zeigt sich, daß die Sache doch unangenehm schief steht; und die Schritte schallen dumpf; und wo eine Planke aufgerissen ist, sieht man entsetzt in die tiefe, gähnende Höhlung des Innern.
Hier muß es des Nachts ziemlich schauerlich zugehen; wenn die Masten zum stürmenden Himmel aufragen, und die Planken biegen sich und stöhnen, und im Kiel regt sich das zweideutige Gewürm und Gekrebs der Tiefe.

Zwei Herren von sehr bewußtem Auftreten stehen auf dem Schiff. Sie messen das Verdeck ab und nehmen Kabinen in Augenschein und schreiben sich etwas in ihre kleinen Bücher.
Was haben die beiden vor?
Nun, was sollen sie vorhaben? Das liegt doch auf der Hand: Sie berechnen, ob sich auf dem Wrack nicht eine Caféterrasse für den Touristenverkehr einrichten ließe, eine Fliegende-Holländer-Diele zum Beispiel. Denn wir haben nicht Zeit, an Trümmern klagend zu verweilen; unaufhörlich und überall stellt das Leben seine Forderung.

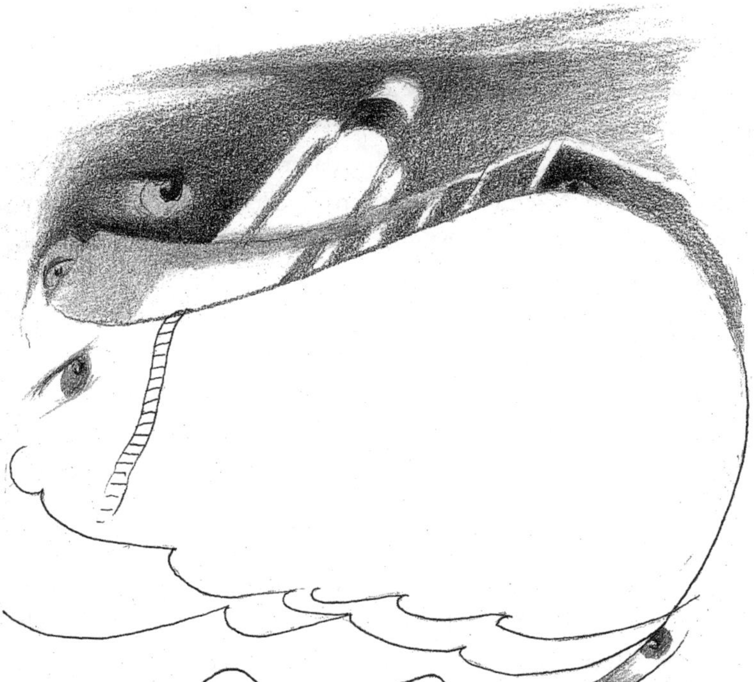

Drei Wünsche

Rügen, im September.

Eine große amerikanische Zeitung hat an ihre Leser eine Frage gerichtet, die schon in den Märchen vorkommt, aber niemals richtig beantwortet worden ist. Sie hat gefragt: »Wenn der Allmächtige Ihnen drei Wünsche freistellte, um was würden Sie bitten?«

Ich weiß nicht, was die Leser der großen amerikanischen Zeitung geantwortet haben; aber während ich darüber nachdenke, was ich mir selber wünschen würde, erkenne ich wieder einmal klar, wie recht der Professor Einstein mit seiner Relativitätstheorie hat. Nämlich: wenn ich diese Frage in Berlin zu beantworten hätte (etwa in der Straßenbahnlinie 172 und vor dem Potsdamer Platz für eine halbe Stunde festgefahren), so würden meine drei Wünsche lauten: Erstens, ich wünsche, daß mir sämtliche Bewohner der Erde den Arsch lecken, einer nach dem anderen. Zweitens: ich wünsche, daß sie noch einmal lecken. Drittens: noch einmal, wenn man bitten darf.

Nun bin ich aber zur Zeit nicht in Berlin, sondern liege auf dem Moos des nördlichen Waldes in der Einöde; über mir in den Buchenzweigen zankt seit einer Stunde ein Meisenschwarm, und neben mir liegen die Steinpilze, die ich am Vormittag gesammelt habe; es mögen gut anderthalb Kilo sein. Und wenn ich mich etwas aufrichte, sehe ich in der Ferne das Meer, das hinter den Waldhügeln aufragt wie eine dämmerblaue Wand.

Und in solcher Umgebung und Stimmung äußere ich meine drei Wünsche an den Allmächtigen so: erstens, ich möchte niemals sterben; zweitens, ich möchte immer genug zum Leben haben; drittens, ich möchte stets so alt oder so jung bleiben wie eben jetzt.

Und nun sollen die Zeitalter kommen und die historischen Epochen und die geologischen Formationen der Zukunft, ich werde mit ihnen im Fluge fertig werden und gedenke mich niemals zu langweilen. Denn für den Weisen ist jeder Tag neu und überraschend. Noch in Jahrhunderttausenden werde ich den Horizont des Meeres so erschüttert betrachten wie eben jetzt; und selbst in jener fernen Zeit werde ich nicht aufgehört haben, die ersten Steinpilze des Herbstes merkwürdig und reizend zu finden.
Schiller, ein volkstümlicher, aber manchmal etwas oberflächlicher Dichter, schrieb: »Das Leben ist der Güter höchstes nicht.« Wie immer bei Schillerschen Zitaten ist genau das Gegenteil wahr: das Leben ist der Güter allerhöchstes und köstlichstes. Lieber ein Bandwurm sein in dem Innern eines Finsterlings, als gar nicht sein.
Und wieviel Bemerkenswertes werde ich erleben, wenn Gott mir meine drei Wünsche gewährt. Neue Erdteile werden entstehen, und die Kreideinsel England wird in den Fluten versinken, mitsamt ihrer großen Bank. Und Kriege, einer immer schrecklicher als der andere, werden um die Erde brausen.
Aber man wird diese Kriege gern ertragen, weil wir bei jedem einzelnen überzeugt sein werden, daß dieser Krieg nun wirklich der letzte sein muß.

Misdroy

Zwischen Wald und Wiesen liegt still der alte Seebadeort Misdroy und öffnet seinen gewaltigen Strand dem Nordwestwind und einem wunderbar edlen Wellengang.

Von allen Bädern der pommerschen Küste hat dieses ein Gut voraus: Strandeinsamkeit. Bei den anderen kann man nicht weit laufen am Wasser entlang, ohne gleich in das Nachbarbad zu geraten, in den Bereich einer neuen Landungsbrücke und einer neuen Kurkapelle. Hier in Misdroy hast du rechts und links die menschenleere Küste in ihrer Ursprünglichkeit und wilden Schöne.

Nach Westen zu geht endlos die Düne in großem Schwung und Zug bis nach Swinemünde. Ganz einsam, keinen Laut kennend, als die Sprache der See und das Schreien der großen weißen Wasservögel; vorweltlich. Vor Jahren fand ich hier im Kiesgeröll eine Pfeilspitze aus Feuerstein. Vor 150000 Jahren hat sie ein diluvialer Misdroyer Badegast geschliffen, jetzt gehört sie als kostbarstes Stück meinen Sammlungen an. Nach meinem Tode wird der Staat sie erben, vorausgesetzt, daß dieser Staat sich nett zu mir benimmt und mich in Steuersachen nicht zu sehr reizt.

Aber im Osten von Misdroy laufen die hohen Mergelberge der Eiszeit die See entlang weiter, als du je gehen kannst. Blöcke von Granit und Gneis, von Schwedens Bergen losgerissen und hierher geschleppt, stecken oben im Hügel oder liegen hingeschmettert in der See, und brausend umspült sie die Brandung.

Vielleicht ist diese Macht und Eindringlichkeit der marinen Natur der Grund, daß die Badegäste Misdroys so innig mit dem Leben des Meeres verwachsen. Mehr als die Badegäste irgendeines anderen Kurortes. Den ganzen Tag liegen sie am Strand, suchen Bernstein und laufen barfuß die Küste ab. Und wenn sie Abschied nehmen, dann winden sie einen Eichenkranz und werfen ihn in die See, und dann wissen sie, daß sie wiederkommen werden.

Es sind stille und honette Leute, die hierher kommen. Sie sitzen auf den Balkons der niedlichen Häuser und lassen sich den schönen leisen Sommertag gefallen. Bisweilen riecht es gar lieblich nach der Räucherung frischer Flundern, und wenn es Abend wird, so zieht ein köstlicher Friede durch die Straßen des sauberen Ortes.

Misdroy ist der Badeort des alten guten Schlages vor der Kabarettzeit. Man sieht auch hier sehr elegante Leute und begegnet auf der Strandpromenade manchem verführerischen Tauentzienbackfisch. Aber man sieht nicht nur das. Man hat Natur und Stille und die großen weißen Möwen. Es ist ein Ort für nachdenkliche und philosophisch veranlagte Gemüter. Deshalb haben sich auch die Gebrüder Herrnfeld hier angekauft.

Swinemünde

Als ich in Swinemünde war, stand der Gewittersturm über der pommerschen Bucht. Der Himmel war schwarz und die See war schwarz, und nur am Horizont blieb glänzend hell ein Streifen und ein Blick in das Licht der Welt offen.

So sah es aus, als ob die Erde zwischen zwei schwarzen Brettern breitgedrückt werden sollte; die ganze Erde mitsamt uns lästigen Wanzen dadrauf.

Die weißen Wellenkämme tauchten auf, und die Segel flatterten wie ängstliche Schmetterlinge. Und es ist so schön, sich sagen zu dürfen, daß man diese Herrlichkeit in vier Stunden von Berlin erreichen kann. Nur vier Stunden von Siechen auf dem Potsdamer Platz bis zu dem Zorne Poseidons.

Im übrigen bin ich gewillt, Swinemünde ein stattliches Seebad zu nennen. Es hat ein respektables Kurhaus, weiche Promenaden und einen ungewöhnlich herrlichen Kurpark. Nicht solch einen lütten Kurpark, wie sonst die Bäder mit einer Fontäne mit einer Büste Kaiser Wilhelms des Großen drin, nein, einen richtigen Park mit weiten Wiesen und mit Alleen, durch die man spazieren fährt. Ferner befinden sich im Innern des Ortes die Häuserkolonnaden, unter denen man bei Regenwetter spazieren gehen kann, wie in der Rue de Rivoli zu Paris. Auch kauft man dort genau dieselben Andenkenkinkerlitzchen wie eben in der Rue de Rivoli nicht anders.

Das Schönste aber in Swinemünde ist, wenn die Küstenbatterien der Festung sich im Scharfschießen üben. Dann zittern alle Scheiben, und alle Trommelfelle dröhnen, was den Swinemünder Badegästen nicht zu schaden scheint, denn sie sehen alle wohl und munter aus. Jeder Schuß kostet 3600 Mark, und wenn den Vormittag über geschossen worden ist, so ist eine Summe über das Wasser verpulvert, für die man ein ganzes schönes Krankenhaus hätte bauen und auf einige Jahre dotieren können. Als durchaus militäruntauglicher Mann verstehe ich den Zweck dieser geistvollen Beschäftigung nicht ganz, bin aber fest überzeugt, daß er vielen Leuten Spaß machen und Nutzen bringen wird.

Ahlbeck

Hier können Familien Kaffee kochen. Paulsbornstimmung.

Oder Eierhäuschen in Treptow, Sonntag nachmittags. Stullenpapier in Massen. Kleine Kinder schreien. Man trinkt Versandbier; stippt Streuselkuchen in den Kaffee und hört sich dabei – o du ewig rätselhaftes Deutschland – den Abendstern aus dem *Tannhäuser* an. Alles sehr anständig, manierlich, keineswegs laut; durchaus die bescheidene Gemütlichkeit des wohlanständigen Berliner Bürgertums. Doch kenne ich einige Sonderlinge – darunter einen mir persönlich außerordentlich nahestehenden Herrn in mittleren Jahren – die in Ahlbeck nicht dauernd leben möchten.

Schon wegen des Bismarckturmes da oben nicht, der genau so aussieht wie ein Patentzigarrenabschneider. Er hat Henkel, um bequemer wegtransportiert werden zu können.

Als ich mit dem Dampfer quer über die See nach Hause fuhr, saß neben mir eine romantisch veranlagte Dame und blickte träumerisch in die Wellen.

»Das Meer ist süß«, flüsterte sie einmal nach dem andern.

Vergebens versuchte ich, ihr diesen naturwissenschaftlichen Irrtum auszureden. »Das Meer ist nicht süß«, sagte ich, »es ist salzig. Im Gegenteil ist unsere Spree süß, wovon Sie sich leicht überzeugen können, wenn Sie einmal in der Nähe der Jannowitzbrücke kosten wollten.«

Es half alles nichts; die Dame blickte entzückt und blieb dabei, daß das Meer süß sei.

Mitten auf der Fahrt fing das Schiff an zu schaukeln, und der Dame wurde übel.

»Das kommt von den Süßigkeiten«, murmelte ich und holte ihr einen Emailleeimer.

Heringsdorf

Heringsdorf, im Juli
Dieses Ostseebad Heringsdorf wird Berlin immer ähnlicher. Es hat nicht nur seine Theater mit Premieren drin, es hat jetzt auch schon ein ganz richtiges Nachtleben, wie man es sich nicht schöner denken und wünschen kann. American Bars, Danny Gürtler, Kabaretts, Soireen, die echten Wiener Originalschrammeln (genannt: d' Praterspatzen), eine Indianerkapelle, Tiroler Sänger, Nachtcafés, alles ist da, so daß ein naturfreudiges Gemüt nicht in Verlegenheit zu kommen braucht. Und die ganze Nacht hört auf den Straßen der fröhliche Betrieb nicht auf. Und bei der Table d'hôte sagt der eine: »Wir sind gestern um zwei Uhr nach Hause gekommen«, worauf der andere triumphierend erwidert: »Na, und wir erst um halb vier.«
Kurz: es ist etwas los in Heringsdorf. Es ist Betrieb vorhanden. Oder, um das Ding beim rechten Namen zu nennen: es ist todschick in Heringsdorf.
Nur eine Wasserrutschbahn, wie wir sie im Berliner Lunapark haben, ist merkwürdigerweise vorläufig immer noch zu vermissen. Doch können wir in die Entwicklung Heringsdorfs das unbedingte Vertrauen setzen, daß auch das bald erreicht werden wird. Wer schon bei Danny Gürtler angelangt ist, der ist nicht mehr weit von der Rutschbahn. Es ist nur noch ein Schritt, und dieser Schritt muß und wird gemacht werden.

Ich will gegen ihr Bad nichts Böses sagen, bin vielmehr gesonnen, es unter dem nächsten Stern als die Königin der Ostseebäder zu preisen und sein Lob in jeder Weise zu singen. Aber gesagt darf doch wohl werden, daß ich die Bedingungen dieses seltsamen Erholungsbetriebes nicht verstehe und nicht begreifen kann, wie dieser muntere Lärm hier Großstädtern, die vom Lärm erschöpft sind, förderlich sein kann.

Für unser Wort Erholung haben die romanischen Sprachen die anmutige Bezeichnung *recreatio*, die Wiederschöpfung. Der Mensch soll von neuem erschaffen werden, soll noch einmal von vorn anfangen, zu der herzhaften Naivität und Kraft der Uranfänge zurückkehren. Demnach erholen sich jene Leute am gründlichsten, die in ihrer Ferienzeit sich zu einem Förster oder Bauern in Pflege geben und da nun drauflos leben wie die Kinder. Sie melken die Kühe, sie suchen frischgelegte Eier, sie arbeiten auf dem Acker, sie erleben das so tägliche und doch so geheimnisvolle Mirakel des Sonnenaufganges (die Sonne geht nicht nur am Rigi und in Meyerbeers *Propheten* auf), sie gehen mit den Hühnern ins Bett und lassen sich fromm von nächtlichen Flöhen stechen, wie das unsere Väter auch nicht anders und besser taten. So werden sie wieder Menschen, wie sie einst aus der Hand Gottes herkamen, und können dann in Berlin wieder neu gestärkt mit der Elektrischen fahren, im Bureau sitzen, sich mit den Kollegen zanken und sonst all den Blödsinn treiben.

Hingegen hier diese Heringsdorfer haben sich den Blödsinn mit ins Bad genommen. Ich war jetzt eben in dem Café des Kurhauses. Wir saßen sechs Mann um einen Marmortisch herum, drängten uns, schrieen nach den Kellnern, die wütend und erregt mit vollen Brettern daherstürmten, und befehdeten uns um die Zeitungen. Wie bei Josty oder im Café Bauer um vier Uhr nachmittags.

Und unmöglich ist, des Abends einen Kalbsnierenbraten ohne musikalische Begleitung zu genießen. In allen Restaurants und in allen Cafés klimpert's und geigt's und trompetet's italienisch und zigeunerisch und tirolerisch; »Du hast ja keine Ahnung« und »Wer kann dafür« und die zauberischen Klänge jener polnischen Wirtschaft. Und gedrängt sitzen wir durcheinander und lärmen und lachen ... so daß es fast so aussieht, als ob nach Heringsdorf nur die gesündesten Menschen gehen. Menschen, die das ganze

Jahr lang nichts getan haben und sich nun einmal austoben möchten, so von Grund auf.

Gewiß, das gesellschaftliche Bild ist blendend. Auf der Weinterrasse des Kurhauses, wo man im Handumdrehen ein paar Geldstücke loswird, befindet man sich in den allerbesten Kreisen, und auf der Promenade wird die wunderliebliche Frauenmode dieser Tage in den heitersten und kapriziösesten Formen spazieren geführt. Und anbetungswürdige Schönheiten sieht man überall.

Aber, zum Henker, auch dieses scheint mir der Gesundheit nicht eben förderlich zu sein. Ich bin hier, um meine leicht entzündlichen Nerven zu besänftigen, nicht um mich an anbetungswürdigen Schönheiten aufzuregen, an einer nach der anderen.

Nachdem all dieses endlich einmal herausgesagt ist, sei das Kompliment gesprochen, daß Heringsdorf keine Ortschaft ist, sondern ein Stück Buchenwald.

Es ist der lieblichste und im Sommer kühlste menschliche Siedelungsort, den ich gesehen habe; für alle Städteerbauer ein Muster, wie es gemacht werden soll.

Die Aufgabe, die hier gelöst werden mußte, war die: auf den Hügeln, die ein alter Wald bedeckt, ist ein Weltbadeort zu errichten. Man hätte nun frisch und froh den Wald absäbeln und die Hügel abtragen können, etwa so wie die genialen Baumeister der guten Stadt Wilmersdorf jede leise Bodenerhebung glattkratzen, auf daß ja die Straßen immer hübsch gerade und gleichmäßig werden und ein sezessionistischer Mietskasten aussehe wie der andere.

Anstatt dessen baute man hier in Heringsdorf in den Wald hinein und den Hügel hinauf und hinunter. So blieb dieser mondänste aller Vergnügungsorte eine holde Wildnis, und jede seiner Straßen ist wie ein dunkler Waldweg unter dem Laubdach, der in die Einsamkeit führt. Und überall streben die Buchen zwischen den Häusern auf und ertragen den Betrieb mit Geduld. Nicht einmal die vor dem Kabarett sind eingegangen, wie doch eigentlich hätte erwartet werden können.

Es ist dies der große alte Slawenwald. Von den russischen Jagdgründen, wo Bär und Wisent durch das Dickicht brechen, zieht er sich die schimmernde Küste dieser See entlang bis nach Dänemark und braust mit den großen Buchen im Winde. Knorrige, gewundene, moosbedeckte Buchen stehen sie da, unerschütterlich in allen Restaurationsgärten Heringsdorfs. Einst sahen sie, wie die Heidenpriester des Gottes Swantewitt den Menschenopfern die Hälse durchschnitten. Jetzt sehen sie ebenso gelassen zu, wie die Oberkellner den Gästen die Hotelrechnungen präsentieren. Und wenn sie Französisch verstehen, werden sie die Kronen schütteln und sagen: *Plus ça change, plus c'est la même chose.*

Eine sehr merkwürdige Entdeckung, die bei vielen Heringsdorfern Aufsehen erregen wird, möchte ich hier noch mitteilen: die Entdeckung, daß Heringsdorf am Meere liegt.

Ich weiß wohl, daß dieser Behauptung viele gerade der ältesten Badegäste auf das lebhafteste widersprechen und erklären werden, daß sie in den langen Jahren ihres Kuraufenthaltes noch niemals irgend etwas vom Meer gesehen haben. Aber ich bleibe bei meiner Behauptung, ich habe das Meer ganz deutlich gesehen und möchte es den Kurgästen zur gefälligen Benutzung und Verwertung empfohlen haben.

In keinem Badeort der Welt wird dieses große Ding da draußen, die See, mit solcher Geringschätzung behandelt wie hier in diesem Heringsdorf. Man badet wohl, aber man badet nicht in der See, sondern vielmehr im Familienbad, wo man das Monokel und die falschen Haare anbehält und sich Witze erzählt. Am Strand sitzen nur wenige, die Zahl der Buden und Strandkörbe ist im Verhältnis zu der enormen Besuchsziffer nur gering, und die harmlosen Scherze, die es sonst wohl überall gibt in den Bädern, das Burgenbauen und Muschelsuchen und so etwas, das ist hier im Vergleich zu anderen Ländern doch so ziemlich unbekannt.

Das Meer mit der Aussicht auf die fernen dämmernden Küsten ist in Heringsdorf herrlicher als irgendwo. Aber man muß sagen, daß dieses Meer, das so unmoderne Lieder singt, zu der fabelhaften Eleganz dieser Berliner Herrschaften nicht recht passen will. Man läßt es liegen und kümmert sich nicht viel darum. Ich glaube, es ist nicht todschick genug.

Heines Insel

Norderney, im August

Hier auf den weißen Sanden seiner Insel habe ich seine alten Lieder alle noch einmal gelesen.

Die Rhythmen von der Nordsee zuerst, dann die holden singenden Lieder vom Rhein und schließlich – immer williger den leichten Kadenzen folgend – auch die Gedichte aus Paris von den sieben Dirnen. Diese Pariser Phrynenlieder, die einen so gebrochenen, zersprungenen Ton haben; wie die Stimme einer immer noch schönen Frau, die zu viel erfahren hat.

Und hier auf der weißen Insel, die er entdeckt hat, auf der Stätte, die ein guter Mensch betrat, habe ich den Heinrich Heine wiedergefunden.

Offen heraus gesagt: es gibt gewisse Stadien der Lebenszeit, in denen man diesem Dichter fremd wird. Man liebt ihn in der Jugend und steckt sein Liederbüchlein, möglichst goldgeschnitten, nachts unter das Kopfkissen. So mit achtzehn und neunzehn Jahren. Aber dann macht ungefähr jeder deutsche Mann eine sozusagen renommistische Periode durch, in der er Liebeslieder nicht mehr gut verträgt und auf die Lotosblumen zu pfeifen mannhaft entschlossen ist. Auch verstimmt der politische Lärm, den flachköpfige Gegner und lästige Freunde um diesen Mann vollführen, und plötzlich liegt sein Liederbuch im obersten Schubfach des Bücherschrankes und ist verstaubt, ehe man sich dessen so recht versah.

Bis man dann an solchem Nordseetag die Unsterblichkeiten seiner Werke wiederfindet. Diesen silbernen Geigenton. Dieses verworrene Klingen wie von probierten Akkorden; wie wenn nachts hinter hellen Fenstern der Tanz beginnen soll, und ein einsamer junger Mensch in der dunklen Straße steht; ein junger

Mensch in einer Schirmmütze. Diese leichte, sich selbst verspottende Traurigkeit in dem saloppen Schluß einer liederlichen Strophe.

Hier schrieb er die Lieder von der Nordsee. Fern auf der Reede glänzte das Schiff. Es ragt ins Meer der Runenstein. Hier. Wo jetzt die vielen Sandburgen stehen mit den witzigen Namen, wo die Kabaretts sind und Brunshotel, in dem heute abend präzise acht Uhr die Berliner Rangen einen lustigen Abend veranstalten. Und ich wage mich gar nicht zu fragen: würde er heute noch in dieses Bad kommen? Kann heute noch ein irgendwie dichterisch oder philosophisch oder sonst so ähnlich gestimmtes Gemüt sich in dem fröhlichen Lärm dieses Badeortes wohlfühlen? Bei diesen vielen »Veranstaltungen«? In diesem Orte, an dem alles zu haben ist: Amüsement, Pferdewettrennen, Smyrnateppiche . . . nur für alle Schätze Rockefellers *ein* Gut nicht, ein Vormittag köstlicher goldschwerer Einsamkeit.
Geradezu fabelhaft ist ja der sogenannte Aufschwung, den dieses Bad genommen hat, wenn man seinen heutigen Zustand vergleicht mit den lächerlich primitiven Anfängen, die Heine schildert in seinem Nordseebuch und sonstwo in den Briefen. In dem Konversationshaus wird nicht mehr gejeut, wie zu seiner Zeit, sondern die *Dollarprinzessin* gespielt, was nicht viel besser ist; die Eingeborenen, die er schilderte, sind längst verschwunden und haben der internationalen Rasse der Oberkellner Platz gemacht. Und wenn Heine schreibt, daß eine vereinzelte Kokotte auf der Kurpromenade spazierte, so muß auch in dieser Hinsicht ein gewaltiger, ein geradezu fabelhafter Aufschwung verzeichnet werden.

Alles in allem ein munterer und amüsanter Badeort. Und ein Badeort, an dem wirklich gebadet wird, das muß man sagen. Hier wird nicht gespaßt, hier gibt es keinen Wald und keine Felsenkraxelei, die ablenken könnte, nur Strand und immerzu Strand ist da, und alles ist auf das Meer gerichtet und gestellt. Den ganzen Tag planschen diese Leute im Wasser, und kurios ist, wie sie auf den langen Buhnen bis weit ins Meer zu ganzen Klumpen sitzen, um die Welle und die Luft aus erster Hand zu haben. Ich glaube ja eben nicht, daß dieses etwa ein romantischer Sinn für die Schönheit des Meeres ist, der sich da bekundet ... alle diese Badegäste wollen vielmehr einfach gesund werden, sie betrachten die Seeluft als Heilmittel und das Meer, die Mutter Aphroditens, bedeutet für sie nicht mehr als eine Tasse Baldriantee oder als eine Massagekur. Aber auch das ist immerhin ein Zurückgehen auf die elementaren Naturzustände und auf seine Art groß und rührend.

Vom Meere aus sieht man alle diese großen Hotels und Logierhäuser in imponierender Reihe daliegen. Sie wenden ihre ganzen Fronten mit Tausenden von Fenstern und Loggien dem Meere zu, und das ist wie ein gewaltiges Theater, wo man aus Logen und Rängen einem Schauspiel zusieht. Dem ältesten und immer noch zugkräftigsten Schauspiel dieser Welt.

Tief vergraben und versunken in den Dünen liegt eine langgestreckte graue Villa und blickt aus niedrigen Fenstern auf das Meer hinaus. Sie führt den Namen Villa Edda, einen Namen, der vielleicht ein wenig geziert klingt, der aber einem zu literarischen Vergleichen und Zitaten neigenden Geschmack zusagen mag. Ein stilles, einsames, verlorenes Haus zwischen zwei Gärten ... Bisweilen bleiben ein paar Badegäste vor dem Zaun stehen, blicken hinüber und flüstern sich etwas zu.

Hier ruht ein ehemals agrarischer Kanzler. Bernhard v. Bülow, in besseren Tagen des Glanzes »mein Bernhard« genannt, ruht hier von manchen Sträußen aus und hat genügend Zeit, über die Wandelbarkeit der menschlichen Dinge die ersprießlichsten Betrachtungen anzustellen.

Am Abend hingegen, auf dem Strande, habe ich besseres Glück. Da finde ich im Tang eine Muschel, in der ein kurioses Krebschen halbversteckt sitzt und die Scheren hinausstreckt. Ein Einsiedlerkrebs. Noch ein Einsiedler also an diesem lauten Strande. Und mit Vergnügen denke ich daran, daß der Einsiedlerkrebs bei Linné *Pagurus Bernhardus* heißt, und freue mich darüber, daß der alte Linné so witzig und so aktuell sein kann.

Über alledem geschah es, daß ich mein Reclamheftchen Heine verlor. Am Strande verloren, und dort liegt der Sänger nun irgendwo herum, zwischen zertretenen Muscheln und Seesternen und all der sterbenden Kreatur der See.

Ich ging zum Buchhändler, um ein neues Exemplar zu kaufen.

»Bitte, geben Sie mir Heines *Nordsee*«, sagte ich zu dem Mann im Laden.

»Bitte sehr«, antwortete der Händler, griff nach einem gelben Buch und legte es mir vor.

»Sie meinen natürlich Griebens Führer durch die Nordseebäder«, sagte er und lächelte durchschauend.

»Nein«, antwortete ich, »ich meine nicht Grieben, sondern Heine. Heinrich Heines *Nordsee*.«

Eine große Geringschätzung breitete sich auf den Gesichtszügen des Buchhändlers aus. »So etwas führen wir nicht«, sagte er und wandte mir den Rücken [zu]. Und verkaufte stehenden Fußes an drei deutsche Jünglinge drei Exemplare der *Sportzeitung*. Die lag in einem ganzen Stoß auf dem Ladentisch und ging ab wie die warmen Semmeln.

Wir Ebenbilder Gottes

Norderney

»Mama«, sagte das kleine Mädchen, »den Seestern nehme ich mit nach Hamburg.« Sie hatte am Strande einen herrlichen smaragdgrünen Seestern gefunden und brachte ihn nun ihrer Mama. Die Mama blickte von Galsworthys *Weißer Affe* auf, in dem sie gerade las, und erwiderte: »Du kannst ihn mit nach Hamburg nehmen, mein Liebling, aber erst mußt du ihn totmachen.«

»Wie macht man denn Seesterne tot?« fragte das kleine Mädchen.

Darauf wußte die Mama keine Antwort. Es war eine praktische Hamburger Mama, rund und appetitlich. Sie hatte wohl schon zahlreichen Aalen den Kopf eingeschlagen, Karpfen lebendig geschuppt und Krebse gekocht, aber wie man einen Seestern totmacht, die Frage war ihr noch nicht vorgekommen.

Der Oberkellner wußte einen glücklichen Ausweg. Er legte den Seestern auf einen Teller und stellte ihn ans Fenster in die Sonne: »Nun wird er gleich tot sein«, sagte er.

Aber der Seestern war nicht gleich tot. Er krümmte seine Strahlen nach oben, und man sah seine tausend Füßchen. Diese Füßchen bewegten sich langsam und reckten sich, sie suchten nach dem Wasser, sie schrien nach dem Leben, sie flehten um Erbarmen. Aber niemand im Zimmer hatte Erbarmen, außer mir, und ich benahm mich wie ein Feigling und lief weg.

Am Abend war der Seestern nun glücklich tot. Aber jetzt sah er nicht mehr smaragdgrün aus, sondern war weißlich und gräulich geworden, gerade wie die billigen Seesterne, die man in jedem Ansichtskartenladen kaufen kann. Außerdem fing er an, fürchterlich zu stinken. Es war schließlich das Kindermädchen, das ihn nach dem Mülleimer trug.

Helgolands neues Profil

Auf bunten Lithographien so aus den fünfziger Jahren sieht man das alte Profil Helgolands. Auf den kolorierten Lithographien in den kleinen Helgoländer Weinstuben, wo man die berühmten Hummern nach wie vor zu verzehren nicht lassen kann.
Das alte Profil Helgolands. Eine lange, hohe, einsame Felsenwand mit einem Kirchlein oben und einem kleinen Häusergewimmel davor. Im Vordergrund die weiße Düne brandungumrauscht und auf dem Meere schaukelnd ein ungefüger Raddampfer mit langem Schornstein; als Ankündiger und Vorläufer des nahenden Fortschritts.
Es war die alte gute englische Zeit, da man die Marken mit dem weißen Bilde der Queen auf die Briefe klebte, keine Steuern zahlte, nicht zum Militärdienst heranmußte und eine Kolonie des britischen Weltreiches war. *In old colonial times.* Was ein ordentlicher Helgoländer ist, das denkt mit Wehmut an diese englische Zeit zurück und ist nur ein mangelhafter Preuße geworden.

Man muß sich jetzt auf die Südspitze der langen Düne stellen, wenn man das neue Profil Helgolands in seiner ganzen Klarheit und mit seinem stärksten Ausdruck erblicken will. Von dort aus sieht man die großen Molen, die von der Südkante der Insel ausgehen und weit ins Meer hineingreifen. Und weil, von diesem Standpunkt aus gesehen, das Dünenwasser nach rechts zu geschlossen scheint, glaubt man einen weiten Hafen vor sich zu haben, einen großen bewimpelten Welthafen für atlantische und pazifische Handelsentreprisen.
Schwere Dampfer gehen langsam aus und ein. Torpedoboote liegen schlotqualmend in Reihen, Barkassen eilen hastig über das weite unruhige Gewässer. Und Kräne ächzen, Rammen dröh-

nen, Ketten knarren, Quadersteine schweben hochgewunden gefährlich oben in der Luft.

Das neue Bild Helgolands. Und ich bin doch nicht genug Verehrer allen Altertums, um nicht die Schönheit dieser neuen Insel zu erkennen. So wie ich sie hier vor mir habe – und wie sie noch kein Maler und Zeichner gefaßt hat – ist diese Hafeninsel schön, wie das Gegenwärtige schön sein kann; imponierend durch den Willen, der sich da zu regen scheint, und durch die Mannigfaltigkeit der Gebärde.

Diese hohe Insel über dem Mastenwald des Hafens ... ein bißchen sieht es so aus, wie auf den Bildern Gibraltar dargestellt wird, mit dem Löwentatzenfelsen über der spanischen Bucht. Und man wird nachdenklich und erinnert sich daran, daß auch diese friesische Insel ein Gibraltar hätte werden können: die Pranke des Löwen eingeschlagen in den Leib einer überlisteten Nation.

Die Helgoländer Eingeborenen aber brummen und denken sehnsüchtig an jenes England, gegen das all diese Rüstung und all der Hafenbau sich richtet. Sie sagen, daß das alte Bad unter dem Lärm des Baues und unter der Prätention der militärischen Kommandanturen zu leiden habe, und wer sich als gerechter Mann die Dinge an Ort und Stelle besah, der wird zugeben müssen, daß diese Leute recht haben. Wirklich geht Helgoland zurück. Und wirklich nimmt die Zahl der angenehmen Badegäste ab, die sich hier für zwei Monate ansiedelten, um die berühmten Heilmittel der Insel zu gebrauchen: das Baden, das Essen von Hummern und das Trinken von Rotspon bis um 2 Uhr morgens.

Diese angenehmen und dauerhaften und einträglichen Badegäste werden immer seltener; immer zahlreicher dagegen die flüchtigen Passanten, die mit den Dampfern für einen Nachmittag kommen und die auf der Insel zwar nur eine kleine Zeche, dafür aber einen um so größeren Lärm machen.

Und wirklich sieht es auf der Fläche des Oberlandes böse aus. Hier, wo einst inmitten der Meeresunermeßlichkeit die Winde

mit stillen Gräsern spielten, wird an den neuen Fortifikationen gearbeitet, und ein wüster Bauplatz macht sich breit, voll rohen Lärms und öder, nervenzerstörender Hast.
Es ist dieselbe Art der Arbeit wie unten am Hafen, aber was dort unten ozeanisch groß und weit erschien, das ist hier kleinlich, maulwurfswühlend und mesquin. Schutthalden werden aufgeworfen und wieder abgetragen; Bretterzäune begrenzen die alten lieben Wege, elektrische Bahnen lärmen, Latten werden hingeworfen; Küstengeschütze starren auf das Meer, und überall ragen heimtückisch aus dem Boden empor die Luftschachte der Kasematten und jene runden Drehtürme, die so platt und niedrig sind wie die Schädel ordinärer Gesellen. All die Vergewöhnlichung tut sich auf, die der moderne Krieg, das heißt die moderne Industrie nach sich zieht, der Kalkstaub steigt zum Himmel, immer breiter macht sich der Soldat mit seinen Kasernen und Schuppen, und immer schmaler wird der Raum, der den Hammeln noch übriggelassen ist.
Nämlich den vierbeinigen Hammeln, die auf der Wiese angepflöckt sind und das Gras abweiden. Und sonst im übrigen noch den Zivilisten, die sich all die Wirtschaft gefallen lassen und sie obendrein noch teuer genug bezahlen.
Noch ist nicht alles ganz verloren. Noch hegt die Insel den alten Zauber und scheint in der Stille mancher ihrer Winkel von all dem Neubau und den Maschinengewehren nichts zu wissen. Die alte Heimlichkeit ist noch vorhanden und dem Willigen leicht zu finden. Mit den kleinen, leisen Straßen. Mit dem Blühen von Mohn und Federnelke in den zierlichen Hausgärten. Mit dem Wassertragen der Mägde die Felsentreppe hinauf (wie auf Capri, wie auf Capri). Mit der Pussligkeit ganz winziger Hausbestände. Mit dem Funzeln der Lichter nachts an den Fenstern, an den Fenstern der einsamen, jungen Seemannsfrauen.

Und auch die Badegäste haben noch das meiste beisammen, was sie brauchen. Das Bad in diesem herrlichen Meereswasser, das

klar ist wie Goldglas. Die weite Bootfahrt um die Insel (man lasse an der Nordspitze das Boot halten, dann sieht man die kristallenen Gärten der Tiefe, durch die fabelhafte Taschenkrebse spazieren). Sie haben ferner immer noch die erwähnten Hummern, die traulichen alten Kneipen und ein allerliebstes Theaterchen, in dem eine allerliebste Komödie gespielt wird.
Noch ist nicht alles verloren. Aber wenn die kaiserliche Artillerie so munter fortfährt, wie sie frohgemut begonnen hat, wenn das ganze Oberland mit Drehtürmen besetzt sein wird, ja dann wird sich Deutschland eines seiner kostbarsten Kleinodien zerstört haben, um dieses Kleinod zu schützen.

Und dann könnte das Märchen doch vielleicht wahr sein, das mir die silberweiße indische Muschel zugesungen hat. Ich hatte diese silberweiße Muschel auf dem Oberland gekauft, und des Abends, als wir allein in meinem Zimmer waren, hielt ich sie an mein Ohr, um zu hören, was sie mir zu sagen hatte. Und da sang sie mir wie ein fernes Rauschen ein Märchen zu, das also lautete:
Es war einmal im Morgenland ein reicher Mann, der besaß einen wunderbar schönen Garten. In diesem Garten wuchsen Datteln und Feigen und große kühle Birnen, auch Mais und anderen Kornes viel. Auch war ein Brunnen murmelnd mitten im Garten unter dem Schatten. Und der reiche Mann im Osten hatte seine Freude an dem Garten, und er und sein Gesinde lebten von seiner Frucht. Aber eines Tages befiel den reichen Mann die Angst, sein Nachbar könne etwa kommen und ihm den Garten wegnehmen. Da beschloß er, seinen Garten zu schützen, koste es nun, was es wolle. Er hieb alle die köstlichen Obstbäume ab und riß die Maisfelder aus und verschüttete das kühle Brünnlein unter dem Schatten. Und walzte alles glatt, daß von dem alten herrlichen Garten kein Fleckchen mehr übrigblieb. Dann errichtete er auf der öden Fläche eine Menge fester Türme und Mauern und große Magazine für allerart Waffen, für Speere und Helme und krumme Schwerter.

Da kamen seine Freunde, wunderten sich sehr und fragten ihn: wo ist der schöne Garten hin, an dem aller Menschen Herzen ihre Freude hatten.

Der Mann im Osten aber lächelte weise und sagte: »Mein Garten ist jetzt gut geschützt, und nun weiß ich, daß ihn mir niemand fortnehmen wird.«

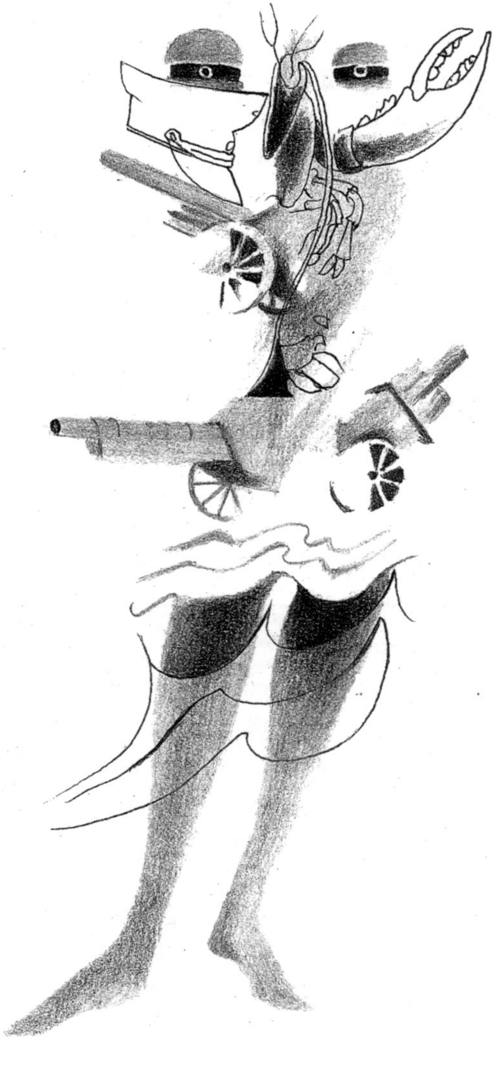

Nach Norden

Wenn der D-Zug, mit dem langsamen Tempo, das sie jetzt haben, durch Schleswig-Holstein nach Norden fährt, so sei dem darin befindlichen Fahrgast geraten, sich inzwischen mit der ringsherum sichtbaren schleswig-holsteinischen Zoologie zu beschäftigen.

Also zuerst wird er mit Freude bemerken, daß die Entente uns doch noch einige Milchkühe gelassen hat. Man sieht in dieser Landschaft mehr Milchkühe als Menschen, was der Landschaft nur zum Vorteil gereicht; und man kommt zu der Erkenntnis, daß es nicht an den Kühen liegen kann, wenn die Milch so teuer ist. Es scheint noch irgend jemand anders die Hand dazwischen zu haben.

Bei dieser Gelegenheit muß ich das Geständnis ablegen, daß ich nicht recht weiß, warum man diese Tiere immer ausdrücklich Milchkühe nennt. Was sollen es denn sonst für Kühe sein? Oder gibt es auch Kognakkühe? Dann bedaure ich nur, daß ich noch keiner begegnet bin.

Nun wackelt der D-Zug an einer Katze vorüber, die im Grase auf die Jagd geht. Sie wirft uns nur einen kurzen mißbilligenden Blick zu und widmet sich darauf gelassen wieder ihrer Beschäftigung. Ohne Zweifel hat sie in diesem Augenblick gedacht: Muß die Bande gerade jetzt vorbeikommen!

Ich finde es reizend, daß die Züge so langsam fahren. Man hat viel mehr vom Leben.

Da liegt auf der Wiese ein Pferd lang ausgestreckt, als sei es tot. Es ist aber gar nicht tot, es erlaubt sich nur, auch einmal im Liegen zu schlafen wie sonst alle andere Kreatur; und das ist ein Anblick, den man nur zu selten hat und der jedem Herzen wohltun

muß. Das Schönste aber daran ist, daß dieses Pferd eine Stute ist und ihr Fohlen bei sich hat. Das Fohlen liegt ebenfalls ausgestreckt an der Mutter und trinkt und schläft zu gleicher Zeit.
Darauf bleibt der Zug auf offener Strecke völlig stehen, entweder weil er die letzten drei Meter schneller gefahren ist, als ihm die neue Vorschrift erlaubt, oder weil sonst etwas nicht in Ordnung ist. Wir lassen die Fenster herunter, stecken die Köpfe hinaus und werden dabei jetzt erst gewahr, daß während der ganzen Zeit über uns die Lerchen am Werke gewesen sind. Zu Hunderten hängen sie in der Luft, hingerissen von ihrem wilden, süßen, sonnenseligen Gesang, und über der ganzen Juniwiesenwelt ist ein goldenes Netz von Klingen und von Lebenslust gespannt.
Wir Fahrgäste aber wenden uns an den Schaffner mit den Worten: »Was ist denn das für eine infame Bummelei, daß der Zug hier so lange stehenbleibt!«

Austern im Sommer

In List, am äußersten Nordende der Insel Sylt, befinden sich die Austernbänke, und es befand sich früher da auch eine Marinestation.
Die Austernbänke sind geblieben, die Marinestation ist dahin.
Man sieht ein gewaltiges Eisengeripppe, das wohl eine Zeppelinhalle gewesen ist, und in weitläufigen Kasernen klappern die Fenster; der Betonterrassen beginnt das Heidekraut sich zu bemächtigen, die Baracken aber sind zu Kinderheimen umgewandelt, so daß diese Gebäude endlich doch einmal einem vernünftigen Zweck dienen.

Aber eine Marinestation mag verfallen sein, soviel sie will, der Eintritt bleibt doch verboten; und so steht denn alsbald, wie ich da herumgehe, vor mir eine beamtete Persönlichkeit und fragt mich: »Was wollen Sie hier?«
»Austern essen«, antworte ich kurz und der Wahrheit gemäß.
Die Persönlichkeit blickt mich prüfend an; sie kommt zu dem Ergebnis, daß ich allerdings aussehe wie ein Mann, dem Austernessen nichts Fremdes ist, und zeigt mir freundlich das alte Gasthaus, in dem man dieses Geschäft besorgen kann.
Die Austern werden, wie ich sie bestelle, aus dem Meeresbecken geholt und mir von einem friesischen Mädchen gebracht, das sich ohne lange Umstände zu mir setzt.

Daß die Auster des Sommers besser ist als die verfrorenen Dinger, die man uns im Winter in die Stadt schickt, dieses habe ich schon vor Jahren in St. Malo und Cancale in der Bretagne erfahren, wo ich deren im August große Mengen gegessen habe.
Das Tier ist des Sommers in seinem Liebesgeschäft begriffen und

hat deshalb die Würze und die Schwungkraft, die verliebten Leuten eigen zu sein pflegen. Ja, so erklärt mir das friesische Mädchen, es gäbe Leute, die äßen sogar die Austern mit Laich, was man aber nicht tun solle, weil es verboten sei. Man könne die laichende Auster an ihrer dunkleren Schale erkennen und müsse sie wieder in das Becken zurücktun.

In diesem Wirtshaus möchte ich einmal einen Sommer wohnen und einen Sommer hindurch Austern essen. Es kann nicht so teuer sein; das Dutzend vierzig Mark.
Die Schalen der gegessenen Tiere werden auf die Felder und die Geest geworfen und bilden da schon ganze Haufen. In Millionen von Jahren, wenn von unseren Marinestationen und der Entente und so weiter kein Korn mehr übriggeblieben ist, werden diese Geologen die Austernhaufen finden, sie werden sie *Kjökkenmödding* benennen und aus ihrem Vorhandensein den Schluß ziehen, daß hier menschliche Geschöpfe gelebt haben, die vernunftbegabt gewesen sein müssen, denn sonst hätten diese Geschöpfe ja keine Austern gegessen.
So wirke ich aufklärend und unterrichtend für die Zukunft, während ich neben dem friesischen Mädchen sitze in dem windumwehten Gasthaus und scheinbar nur meinen Begierden fröne.

Friesland, Föhr, Amrum

Niebüll. Eine der Erfahrungen meines Lebens ist: wen Gott liebt, den läßt er den Anschluß versäumen. Gott liebt mich offenbar, deshalb habe ich hier den Zug versäumt und bin drei Stunden in der kleinen Stadt Niebüll geblieben, die an der dänischen Grenze liegt, tief begraben unter Holunderbusch und Bienensummen.
Da sind ergraute alte Häuser, schilfgedeckt, eines immer weit vom andern, wie seine Leute, die das Gedrängel nicht lieben; und zwischen ihnen wandeln schlanke, blonde Menschen, stark und doch zart, mit eigensinnigen Schädeln und schüchtern.
Das Volk der Friesen, die einst vor vielen hundert Jahren den englischen Missionar Bonifazius totgeschlagen haben, als er sie zum römisch-katholischen Glauben bekehren wollte. Und es muß wirklich nicht leicht sein, diese Semmelköpfe zum römisch-katholischen Glauben zu bekehren.
Der weibliche Bestandteil ist in der Jugend, bis zum sechzehnten Jahr etwa, von minervenhafter Schönheit. Später scheinen sie allzu schnell zu wachsen und verlieren das richtige Gefüge; schlanker Oberkörper auf breiten Hüften.
Im Gasthaus frühstücke ich zwischen einem düster drohenden Hindenburg-Bild und der gestreiften Katze, die mir schon die Hälfte meines Kalbsnierenbratens abgebettelt hat. Am runden Tisch gegenüber sitzen die zwölf Großkaufleute des Ortes und bereden aufgeregt – so aufgeregt, wie Friesen sein können – in der Tabakswolke das Ereignis des Tages: die Auktion bei Lorenz Hinrichsen. (Man spricht dieses Wort *Aukschohn* aus.)
Und so weit sind wir hier von der Welt und ihrer Schlechtigkeit, daß ein gutes Oberhemd 370 Mark kostet. Kein Wunder, daß ich mir deren eins kaufe, zur ewigen Erinnerung.

Dagebüll. Die Namen der Orte an dieser Küste enden alle mit der Silbe *-büll.* Nach einigem Nachdenken kommt man dahinter, daß diese Silbe nichts anderes ist als das alte deutsche Wort Bühel, das Hügel bedeutet. Und in der Tat liegen alle diese Ortschaften auf kleinen Erhöhungen, wo sie vor den Fluten geschützt sind. Wie freut sich der Germanist, wenn er so etwas herausgeknobelt hat. Niebüll, Moosbüll, Deezbüll, Klixbüll, Dagebüll. Deezbüll klingt am schönsten, aber über diesen Ort weiß ich nichts zu melden.

Dagebüll nennt sich Nordseebad, was deshalb bemerkenswert ist, weil dort weder die eigentliche Nordsee noch auch ein Bad vorhanden ist. Der Ort liegt am Wattenmeer und besteht aus vier Häusern, einem Gepäckträger und vierzehn Verbotstafeln.

Badeort heißt er wegen dieser Verbotstafeln.

In jedem der Häuser befindet sich eine Wirtschaft, und eines, das größte, ist sogar ein richtiges Strandhotel. Es muß sich da nicht schlecht wohnen lassen für Leute, die vollkommene Stille vertragen und es aushalten, vier Wochen ohne den Anblick eines Baumes zu leben.

Auch hier ließ mich der gütige Gott den Anschluß verfehlen und sechs Stunden auf das Schiff warten. Sechs Stunden im Gras gelegen am Wattenmeer, das flach und ohnmächtig in der Ebbe daliegt. Am Horizont sind viele kleine Inseln, die in der Luft über dem Meer zu schweben scheinen und sich in ihm spiegeln.

Dann summt etwas in den Wolken, und man sucht lange, bis man das Flugzeug gefunden hat, das immer näher kommt mit großem mahnenden Orgelton. Das ist die Flugpost aus Berlin, sie bringt die Kunde von der neuesten Halunkentat und verteilt den Dollarkurs auf den entsetzten Inseln der See.

Die Insel Föhr. Im Reisehandbuch steht geschrieben, daß in Nieblum auf Föhr eine Kirche ist, die aus dem 12. Jahrhundert stammt und alte Holzschnitzereien enthält.

Also auf nach Nieblum. Denn inmitten von diesen Meeresbrandungen und Kliffs und all den unheimlichen Großartigkeiten der Natur meldet sich wieder das Heimweh nach Bildwerk und alter Kirchenluft.
Am wunderbarsten Sommertage zwei Stunden quer über die grüne Insel. Fern an allen Horizonten leuchten die Meere. Roggenfelder und Kornblumen darin; manchmal soviel Kornblumen, daß man nicht weiß, was der Zweck des Feldes ist, das Brot oder die Blume. Grauer Hafer. Gerste, die weich glänzt wie Seide. Zwei Stunden im Marschtakt, singt die Seele Goethes schönsten Vers: »Und in schwanken Silberwellen wogt die Saat der Ernte zu!«
In Nieblum ist die berühmte Kirche natürlich geschlossen. Kein Küster läßt sich erblicken, und die Kunstwerke können nicht besichtigt werden, denn es ist eine protestantische Kirche, und wir sind hier beileibe nicht in Italien. So muß man sich mit dem äußeren Aspekt begnügen: Gotischer Backsteinbau mit Querschiff und schwerem Turm, der ein Satteldach hat; in der Apsis romanische Erinnerungen, etwas Rundbogiges, das aus Rom hergewandert ist, bis in die kimmische Ferne.
Durch die Kirchenfenster hindurch läßt sich erkennen, wie drinnen alles kahl ist und die Wände weiß. Denn diese wackeren Friesen von der Waterkant sind der Überzeugung, daß der liebe Gott, der die blauen Kornblumen erschuf, die Kunst haßt und an weißgekalkten Wänden ein besonderes Vergnügen hat.

Wyk auf Föhr. Wyk auf dieser Insel Föhr ist ein ziemlich eleganter Sommerort. Man erwartet nach dem, was man gehört hat, in ein einfaches, mittleres Bad zu kommen und sieht erstaunt vornehme Damen mit schimmerndem Haarnetz sowie Herren, die in weißen Pyjamas und Monokel einherwandern.
Gewiß kann man ohne allzuviel Geld und einfach auskommen. Wer zum Beispiel im Hotel zur Börse am Hafen absteigt, der hat

ganz billig ein sauberes und gutes Leben. Aber für die Mitglieder des *High Life* ist das nicht das richtige, die residieren schon üppiger im Kurhaus und im Atlantischen Hof, den sein Besitzer durch einen leberleidenden Expressionisten in einem längst überlebten Stil ausschmücken ließ.
Manches ist in Wyk unvernünftig teuer. So bezahlt man für ein Pfund Erdbeeren, die auf der Insel wachsen wie das Unkraut, 35 Mark. Für das Totschießen eines Seehundes, ein bei dem *High Life* beliebtes Sommervergnügen, 1000 Mark. Der Preis der Erdbeeren hat mich schwer getroffen. Der Spaß mit dem Seehund berührt mich weniger, da ich so etwas nicht mitmachen würde, und wenn es nur 0.50 Papiermark kostete.

Amrum. Wenn ich zu wählen und zu bestimmen hätte, ich ginge den Sommer [über] nach Wittdün auf Amrum und bliebe da, bis man mich hinauswürfe gegen Anfang Oktober. Dort ist man billig aufgehoben und sturmgesichert, etwa bei der Mama Eggers im Bellevuehotel, wo es eine der besten Küchen an der Nordseeküste gibt.
Gleich muß gesagt werden, daß in Wittdün erfreulich wenig los ist. Der Mensch versitzt den Tag auf den Dünen, betrachtet das Meer, schläft ein und sieht alle halbe Stunde nach der Uhr, ob es bald Zeit zum Essen sei. Und das ist die gesündeste und geistreichste Beschäftigung, die man an der See unternehmen kann. Kein Kino, kein Nachtleben – ich habe es beim besten Willen nicht über ein Uhr gebracht.
Eine Kurkapelle ist zwar vorhanden, aber sie konzertiert bald hier, bald da, und der Ort ihrer musikalischen Tätigkeit wird vorher durch Anschlag bekannt gegeben, so daß man sich beizeiten in Sicherheit bringen kann.
Die Brandung ist schön, doch nicht ganz so stark wie in Sylt, wegen der Sandbänke, die sich rings herum erstrecken. Oft bemerkt man weit draußen Leute, die auf dem Meere zu wandeln

scheinen, und bewundert ihren Mut. Aber da ist gar nichts Mutiges daran und noch weniger zu bewundern: es sind Bengels, die auf die edlen Silbermöwen mit Schrot schießen.

Wunderbar ist auf Amrum die Inselhaftigkeit und Abgeschlossenheit. Einmal am Tag kommt der kleine Dampfer über das Wattenmeer herbeigearbeitet und bringt neue Gäste und Briefe und Zeitungen. Das ist die einzige Verbindung mit dem Festland. Das Flugzeug berührt diese Insel nicht; es ist auch nicht so wie in den großen Bädern, wo die telegraphischen Nachrichten aus Berlin angeschlagen werden. Man muß warten, bis das Schiff kommt, einmal früh, einmal spät, je nach der Flut und je nach dem Mond. Manchmal kommt es so spät, daß die Post gar nicht mehr ausgetragen wird. Dann hat man den ganzen Tag nichts von Berlin gehört; und das ist gut.

Sand und Sachsen

Westerland, im August 1911

In Hamburg bei Siechen erklärte mir der Herr mit der grünen Reisemütze, warum die Insel Sylt den schönsten Wellengang in ganz Europa haben muß.

»Sehen Sie«, sagte der Herr in der grünen Reisemütze und zeigte mir die Karte, »sehen Sie, wie diese Insel ihren ganzen breiten Strand nach Westen wendet, der offenen Nordsee zu. Nun haben wir aber in Nordeuropa an 90 Prozent aller Tage im Jahre Westwind. Demnach hat die Insel Sylt immer den schönsten und direktesten Seewind und den stärksten und klarsten Wellengang. Glatte See ist in Westerland auf Sylt so gut wie unbekannt. Sie ist eine Seltenheit, ein Phänomen, wie der Geyser auf Island oder wie die Hundsgrotte in Neapel. Wenn Sie an 90 Prozent der Tage im Jahre Seegang haben wollen, so fahren Sie nach Sylt.«

So sagte der Herr mit der grünen Reisemütze bei Siechen in Hamburg. Am nächsten Morgen um 8 Uhr fuhr ich von Sankt Pauli mit dem Dampfer *Cobra* nach Sylt ab. Als ich in Sylt ankam, ging die Welt aus den 90 Prozent in die entsprechenden 10 Prozent über, und der Wind drehte sich von West nach Ost.

Vier Tage war ich in Westerland auf dieser Insel Sylt, und vier Tage lang habe ich keine Welle gesehen. Keinen Versuch einer Welle, keine Andeutung einer Welle. Diese große Nordsee, die mit dem Atlantik und weiterhin mit allen Eismeeren in Verbindung steht, schämte sich nicht; sie lag faul und lasch da, warm und alltäglich wie der Wannsee.

Aus dem Benehmen der Bevölkerung und der ansässigen Badegäste konnte ich allerdings merken, daß eine solche Meeresstille wirklich etwas Außergewöhnliches war. Diese Leute standen auf den Dünen, blickten erregt auf die gar nicht erregte See und schüttelten die Köpfe, weil sie so etwas noch nie gesehen hatten. Offenbar erlebte ich ein Phänomen, eine Hundsgrotte. Aber ich muß gestehen, daß ich die Phänomene nicht liebe, die so aussehen wie der Wannsee, da wo das Freibad ist.

Wenn der Wind nicht von der See kommt, so kommt er meistens vom Lande. Das Land auf Sylt ist weißer Sand, und dieser Sand beginnt dann zu wandern und fliegt über die Badegäste hinweg hinaus in die See.

Es ist das jener geologische Vorgang, auf den Spante Arrhenius hingewiesen hat, daß nämlich die Kontinente wachsen und die Meere versanden. Die Gebirge werden immer niedriger, wie alles Hohe allmählich niedrig wird, die Meere verflachen, wie alles Tiefe und Große verflacht im nichtswürdig gleichmäßigen Verlauf der Zeiten. Der Sand fliegt in die See, und die Zukunft unseres Planeten ist Wüste oder Sumpf oder beides nebeneinander.

Das ist gewiß sehr lehrreich und interessant zu wissen, aber auch hier muß ich sagen, daß ich das Lehrreiche lieber nicht am eigenen Leibe erfahre. Ich hatte bald alle Ohren und Augen voll Sand, die Taschen voll Sand, die Stiefel voll Sand. Und wenn ich mich des Abends auszog, schüttelte ich die Beweise für Spante Arrhenius verdrießlich selbst aus meinen Unterhosen.

Ausgesetzt dem Wüten der Naturgewalten, ergibt sich der wahre Weise dem Alkohol. Das verstehen die Westerländer Leute nun ganz ausgezeichnet, und nirgendwo in der ganzen Welt ist eine so ungeheuere Menge mannigfaltigster Kneipenhäuser beisammen. Die funkeln des Abends gar traulich, und wer darinnen sitzt, dem ist es gleichgültig, ob der Wind von der See kommt oder vom Lande. Und sonst auch noch haben die Westerländer es verstanden, die Unbequemlichkeiten ihres Terrains zu besiegen. So braucht man beispielsweise den vielen Sand gar nicht zu merken, denn den ganzen Ort entlang geht eine bretterne Promenade, auf der man heil und sicher einhergeht.

Diese Promenade heißt Wandelbahn, wird aber anstatt dessen Trampelbahn genannt, weil es so viele Berliner in Westerland gibt. Auch Sachsen aus dem Königreich und aus den gesegneten Fluren der Provinz Sachsen sind sehr häufig, und das war wohl der Grund dafür, daß ich plötzlich ein heftiges Verlangen nach Einsamkeit empfand und eine Fußtour die ganze Insel entlang zu unternehmen begann. Die Sachsen sind gewiß die charmantesten Leute der Welt, aber so viel auf einem Haufen . . .

Die Wanderung fing in Hörnum an der Südspitze an, da, wo der verfallene Leuchtturm ist. Von dort kann man mit einem guten Feldglase die Seehunde auf den Sandbänken liegen und sich gerade so benehmen sehen wie die Menschen im Sonnenbade. Von allen sogenannten Tieren hat der Seehund – nicht etwa der Affe – das menschlichste Gesicht.

Er hat die Augen unseres Bruders, und ich verstehe die Sportsmen nicht, die solch ein Geschöpf zum Spaße töten können. (Noch weniger verstehe ich die Schufte, die aus Spaß am Töten weiße Möwen niederknallen können.)

Ferner wandert man durch Marsch und Geest und hat das merkwürdige Vergnügen, einmal ohne allen Weg und ohne alle Grenzen über die Welt zu gehen. Denn dieses Land, das nichts abwirft, gehört auch niemandem; es gibt da kein Feld und keine Wiese; uranfänglich wie vor allem Besitz und vor allem Streit liegt die Erde da, frei für den Träumer und mit Heidekraut bewachsen, in das du bis zur Brust einsinkst.

Verloren hier und da liegen die niedrigen Häuser, und die Leute, die da drinnen wohnen, das sind die Friesen, ein altes Volk und allem Neuen abhold.

Ich ging an solch ein Haus heran und sah durch ein offenes Fenster ins Zimmer. Eine mit Muscheln beklebte Schachtel stand auf dem Tisch, daneben eine großmütterliche Petroleumlampe, und an der Wand war mit Nadeln angeheftet ein Bild der schönen Otero. Es ist ein Volk, das zäh am Alten festhält.

Blonde, große, langsame Leute. Sie lieben ihr Land, wie das Kümmerliche immer inniger geliebt wird als das Reiche ... Aber man kann es wohl verstehen, daß sie sich aus diesem Lande fortsehnen. Ganz merkwürdig ist der Blick, mit dem solch Inselriese von der Düne aus auf das weite Meer blickt, und sieht man solchen Blick, so begreift man, daß einst die großen Wanderungen aus diesem friesischen und anglischen Weltwinkel herkamen. So blickten sie vor Jahrtausenden über die See und träumten von Marmorsäulen, von bronzenen Figuren und fremden dunklen Weibern ... und dann brachen sie unter Hengist und Horsa auf, und Reiche stürzten zusammen.

Dann aber kam ich auf meiner Inselwanderung an Westerland heran, und um dieses machte ich einen großen Bogen, eben wegen der Berliner und Sachsen. Erst hinter Wenningstedt kam ich wieder vorsichtig an die See heran, da wo auf der Ebene die Hünengräber aufragen.

Das sind die Gräber jener Heerkönige, die einst von der Insel Sylt die See beherrscht haben bis nach Norderland hin. Hohe, runde Hügel, liegen sie nun einsam und schaurig da, und dem Wanderer, der sie sieht, wird wunderheimlich und nibelungenhaft zumute.

Ich kletterte auf den größten der Grabhügel hinauf und entdeckte zu meinem Erstaunen, daß er oben ein Loch hatte, durch das eine Leiter in die dunkle Tiefe führte. Aus dem Innern des Grabes aber ertönten schauerlich Stimmen, wie von zwei Leuten, die sich unterhielten; zögernd beugte ich mich vor und hörte jemanden in dem Grabe sagen:

»Ei, Herrjemersch, sind Sie denn ooch aus Merscheburg?«

Mit einem gräßlichen Schrei prallte ich zurück und habe den nächsten Kilometer meiner Wanderschaft im Galopp zurückgelegt. Und noch heute habe ich den Gedanken nicht ganz verwunden: Wenn man nicht einmal in den Gräbern seines Lebens sicher ist ...

Die Macht der Sterne

Zu dem Kapitel der Reisehandbücher, über die jetzt so viel geschrieben wird, möchte ich mir erlauben, auch einen kleinen Beitrag zu bringen. Eine Erfahrung oder, um es bescheidener zu sagen, eine Beobachtung.

Es war vor langen Jahren in Rom, in den Vatikanischen Sammlungen, und zwar in der Abteilung für plastische Bildwerke. Ich war in dieser herrlichen Galerie schon oft gewesen, deshalb konnte ich es mir gönnen, auch das Publikum ein wenig zu beobachten, und da fiel mir ein englisches Paar auf, das die Kunstwerke ruhig und pünktlich eins nach dem andern erledigte. Im Deutschen nennt man diese Art des Kunstgenusses *ein Museum abklappern*; wie es im Englischen heißt, weiß ich nicht.

Das englische Paar bestand aus einer Tailormadedame und einem Clergyman, der einen engen, ganz zugeknöpften schwarzen Rock trug. Die beiden hatten sich den Kunstgenuß nach dem weisen Prinzip der Arbeitsteilung so eingerichtet, daß der Clergyman aus dem Reisehandbuch den Namen der Kunstwerke vorlas, daß dann die Dame sich das Werk besah und ein Urteil darüber fällte, und daß dann beide gemeinsam zu dem nächsten Werke schritten. Und das verlief im einzelnen ungefähr folgendermaßen:

Er (vorlesend): »Head of Antinous; one asterisk [ein Sternchen].«

Sie: »Fine.«

Er: »Jupiter of Otricoli; two asterisks.«

Sie: »Oh very fine.«

Er: »Juno of Lanuvium; one asterisk.«

Sie: »Fine.«

Er: »Head of Faustina; two asterisks.«

Sie: »Oh very fine.«
Er: »Juvenile Apollon, one asterisk.«
Sie: »Fine.«
Er: »Torso of Herkules, two asterisks.«
Sie: »Oh very fine.«
Und so fort durch alle Säle, durch ganz Rom, dann durch Neapel, Sizilien, den Ätna hinauf und wieder hinunter. Woraus man sieht, welche Macht das Reisehandbuch hat, und daß ihm eine tiefe pädagogische Bedeutung nicht abzusprechen ist. Übrigens warf der Clergyman nicht einen Blick auf die Kunstwerke; er las nur vor und machte dann in seinem Buch unter jedes Kunstwerk, das zwei Sternchen hatte, einen Bleistiftstrich. Damit er zu Hause in Worcester, Worcestershire, berichten konnte, welche Werke »oh very fine« gewesen waren.

Erlebt etwas!

Die halbe Menschheit wohnt jetzt in Hotels; und es ist schön, im Hotel zu wohnen, weil das einmal etwas anderes ist und nicht so wie zu Hause. Viele Leute ärgern sich, wenn es nicht so ist wie zu Hause, andere erleben etwas; und eigentlich leben wir Menschen ja doch, um etwas zu erleben.
Ich ziehe immer von einem Häuschen zum andern, und ganze Bücher könnte ich zusammenschreiben.

Der Wäschedieb
So zum Beispiel die Geschichte mit dem Handtuch. Als ich kürzlich meinen Koffer ausschüttete, um Inventur zu machen, fand ich da ein großes, ganz neues und sauberes Handtuch. Wie kam das Handtuch wohl in den Koffer, man braucht auf Reisen doch keine Handtücher mit sich zu führen? Nun sehr einfach: Ich habe einmal beim Aufbruch aus irgendeinem Hotel in Gedanken das Handtuch des Zimmers mit eingepackt. Aber in welchem Hotel kann das gewesen sein? Es war auf dem Handtuch nicht das geringste Abzeichen zu sehen. Jetzt wäre es meine Pflicht gewesen, ein Radiotelegramm *an Alle* zu entsenden mit der Frage: Fehlt Ihnen etwa ein Handtuch? Aber ich kann mich beherrschen. Denn erstens soll der Mensch sich nicht lächerlich machen, zweitens, und das war die Hauptsache, war es ein ganz prachtvolles Handtuch, stark und wollig.
Seitdem führe ich dieses Handtuch mit mir, und es ist mir ans Herz gewachsen; ich hege und pflege es und passe genau auf, daß mir mein Handtuch nicht etwa wegkommt; es gibt so viel gewissenlose Menschen auf der Welt.

Der Kindermord

In dem vornehmen spanischen Seebade San Sebastian wohnte ich im Hotel d'Europe, dicht am Strande im sechsten Stock. Als ich am ersten Morgen zum Fenster hinaussah, bemerkte ich, daß gerade unter mir auf einem kleinen Platze sich sämtliche Kindermädchen des Ortes mit ihren Kinderwagen versammelt hatten; es war ein Heereslager von Kinderwagen, einer dicht neben dem anderen.

Ich blieb den Vormittag zu Hause und wollte mein Tagewerk mit einer Zigarre beginnen. Zu diesem Zwecke klappte ich zuerst mein Taschenmesser auf, ein großes Schweizer Armeemesser, dick und schwer, und schnitt die Zigarrenspitze ab. Dann scheint meine Absicht gewesen zu sein, die Zigarrenspitze zum Fenster hinauszuwerfen. Aber statt dessen irrte ich mich und warf das aufgeklappte Messer zum Fenster hinaus. Eine Sekunde lang sah ich das Messer in der Luft schweben und sich majestätisch umwenden. Dann sauste es mit der blitzenden Klinge voran senkrecht hinunter in die Kinderwagen.

Nie in meinem Leben habe ich einen so furchtbaren Schreck bekommen. In meinem Entsetzen warf ich mich auf das Bett und wartete, ob da unten sich ein Tumult erhöbe oder etwa eine entfesselte Menschenmenge die Treppe heraufgestürmt käme.

Es geschah nichts. Und wie die Menschen nun so sind, wurde ich bald wieder übermütig und dachte nach, wie ich mein schönes Messer wiederbekommen könnte. Sollte ich vielleicht hinuntergehen und alle die Kindermädchen bitten, sie möchten einmal in ihrem Kinderwagen nachsehen, ob nicht da drinnen ein aufgeklapptes Schweizer Armeemesser läge. Aber ich habe es lieber gelassen, die Götter verstehen solche Späße nicht.

Der Zauberhut

Ich besitze einen Hut, mit dem ich Glück bei den Frauen habe, wohin ich auch komme.
Dieser Hut ist ein grauer Filzhut von auffallend und ungewöhnlich hoher Form; er ist um einige Zentimeter zu eng, so daß er auf meinem Kopf sitzt wie ein Fingerhut auf dem Kürbis. Ich weiß nicht, wo ich ihn einmal gekauft haben kann. Wenn ich mit diesem Hut über die Straße gehe, geraten alle Damen, jung und alt, sichtbar in heftige erotische Bewegung; zahnlose Großmütter und vierjährige Engel drehen sich bewundernd nach mir um, und die des Weges einher kommenden Bankdirektorsgattinnen betrachten mich mit den Augen der Herodias.
Wir Intellektuellen tragen sonst gern große, geniale Hüte mit breiter Krempe, weil wir glauben, daß Schiller solche Hüte getragen hat, was übrigens ein Irrtum ist. Schiller trug einen Dreispitz, und zwar nicht auf dem Kopf, sondern unter dem Arm.

Selbstverständlich hege und pflege ich meinen Zauberhut wie ein Heiligtum, er ist vielleicht schon fünf Jahre alt und sieht noch aus wie neu; denn an gewöhnlichen Tagen trage ich ihn nicht und schone ihn und setze ihn nur auf, wenn mir der Sinn auf Abenteuer und Eroberung steht; und noch niemals hat er mein Vertrauen enttäuscht. Wenn ich in fremde Länder reise, nehme ich ihn mit, und es ist überall dasselbe, die Frauen sind sich gleich durch die Welt. Weiß Gott, was mit diesem Hut ist, es ist etwas Geheimnisvolles, wie das ganze Problem der Fortpflanzung, zu dem auch ein Filzhut gehören kann.
Vor einiger Zeit war ich in Marokko und spazierte mit meinem Hut über die wimmelnden Märkte der tausend und einen Nacht. Die Marokkanerinnen haben das Gesicht verhüllt, so daß ich ihre

Mienen nicht erkennen konnte; doch zeigten sie mir durch leise rhythmische Bewegungen an, daß ich ihnen gefiel.
Mir selber gefällt mein Zauberhut gar nicht; ich finde, ich sehe darin aus wie ein pommerscher Schweinehändler. Aber vielleicht ist es gerade deshalb.

Irrungen der Zeit

Der Zug, der heimwärts fuhr, war wieder einmal gräßlich voll. Allein in unserem Abteil, das nur Platz für sechs Personen hat, saßen deren sieben.

Nämlich ich, die Engländerin mit der Krokodilledertasche und zahllose Japaner. In Deutschland ist es jetzt so: auch in dem kleinsten Zirkel sind immer zahllose Japaner vorhanden.

Auf dem Gang draußen aber stand alles dicht bei dicht, und gerade vor unserem Abteil hielt sich eine deutsche Familie auf, bestehend aus einer sehr feinen Dame, zwei Herren und einer Zofe; die Zofe sprach viel und laut und paßte eigentlich nicht recht zu diesen vornehmen Leuten.

Nun geschah es, daß die Engländerin mit der Krokodilledertasche in unserem Abteil plötzlich das Wort ergriff und folgende Rede hielt: »Oh, hier ist noch ein Platz, wenn wir etwas zusammenrücken; wollen wir die Dame da draußen bitten hereinzukommen?«

Ich sagte selbstverständlich sofort zu, und die Japaner grinsten freundlich, was bei den Japanern sowohl ja wie nein bedeutet; worauf die Engländerin die Tür öffnete und die deutsche Dame aufforderte hereinzukommen. Die deutsche Dame errötete etwas, trat mit leichtem Gruß ein und setzte sich elegant auf den ihr freigemachten Platz.

Von da ab konnte man bemerken, daß der Rest der Familie draußen auf dem Gange in heftiger Aufregung begriffen war; die beiden Herren zuckten häufig die Achseln, und die unmanierliche Zofe sprach noch lebhafter als bisher. Plötzlich faßte diese Zofe die Klinke, riß die Tür auf und rief der zwischen uns sitzenden Dame zu: »Marie, geben Sie einmal den Schlüssel zu der braunen Tasche her!«

Da ist es uns allen eiskalt über den Rücken gelaufen. Wir hatten die Zofe mit der Dame und die Dame mit der Zofe verwechselt.

Grenzen

Wenn jetzt ein deutscher Bürger ins Ausland reist und in der fremden Stadt absteigt, so setzen sich dort alsbald die Vettern und Basen im Kreise um ihn herum und fragen ihn aus, wie es denn eigentlich wirklich um Deutschland beschaffen sei. Wie also beispielsweise ein Menu im Restaurant aussehe. Und was kostet ein seidener Schlips, und kann man überhaupt noch ein tragbares Korsett bekommen? Der Ankömmling aber erzählt Seltsames und Unglaubliches, aus dem man nicht recht klug wird, und die Hörer sitzen schweigend und senken die Köpfe.
So haben in den Uranfängen der Zeit die Menschen um den fremden Schiffersmann gesessen, der über das einsame Meer gekommen war, und seinem Fabelbericht gelauscht von Meeresnixen und von dem einäugigen Riesen in seiner Felsenhöhle.
Wenn dann andererseits ein Deutscher, der jahrelang im Ausland lebte, in die Heimat zurückreisen muß, so rüstet er sich aus wie ein Nordpolfahrer. Er kauft sich Mehl ein, das Kilo zu drei Schweizer Franken, und Gothaer Wurst zu fünfzehn Franken, auch Fett und Öl, und Schnaps in einer großen, flachen Flasche, damit es an der Grenze nicht bemerkt werde. Und so versehen geht er unruhigen Herzens auf die Fahrt ins Ungewisse und Dunkle. Dieses Dunkle aber ist sein Vaterland.

Erinnern sich betagte Leser noch, wie das früher zuging, wenn man auf der Reise an die Grenze kam und an die Zollrevision? Es war ein Spaß, auf den man sich im Eisenbahncoupé schon eine Stunde vorher freute. Die fremde Sprache und Münze, die neue Uniform der Beamten, die Gelegenheit, Zigaretten hinüberzuschmuggeln, all das war äußerst heiter und gab jedem Abteil Anlaß zu den lebhaftesten Unterhaltungen. Was ein Paß ist, wußten

nicht einmal die Globetrotter. Dieses Wort kannte man aus der Reiseliteratur der Biedermeierzeit.
Oft merkte der Reisende gar nicht, daß er über die Grenze in ein fremdes Land hineinkam. Ich bin ungefähr ein halbes Jahr vor Ausbruch des großen Krieges von Paris nach Luzern gefahren, und dabei im Schlafwagen erst durch Frankreich, dann durch einen kleinen Zipfel Deutschland, dann in die Schweiz hineingekommen, ohne daß ein Zollbeamter meine Träume unterbrochen hätte. Der kleine Zipfel Deutschland, durch den ich damals kam, war die friedliche und harmlose Gegend von Mülhausen im Oberelsaß.
Jetzt ist der Reisepaß, der mir einige Bewegungsfreiheit in der Welt geben soll, mit einundzwanzig Siegeln und Stempeln der Staaten bedeckt, und man hat einen neuen Bogen ankleben müssen, damit Platz für noch mehr Siegel und Stempel geschaffen werde. Um einige Museen und Kathedralen besichtigen zu können, habe ich zwanzigmal die Vornamen meiner Eltern und meiner Frau auf ein Papier verzeichnen müssen, und ein schönes Fräulein hat mich prüfenden Blicks auf meine besonderen Kennzeichen hin untersucht.
Kommst du aber wirklich bis an die Grenze, so steht da eine Postenkette von Ehrenmännern, die sich durch Knipsen, Kleben und Notieren zur Wehr setzt. Ein Wall von Geschreibsel und Registratur trennt jetzt die Völker, die vermutlich noch nicht ganz getrennt gewesen sind. »Dieser Krieg mußte kommen«, so sagte mir einst im Lager ein gebildeter, älterer Kamerad, »er mußte kommen, um wie ein frischer Windstoß all das Papier und das Bureauwesen hinwegzufegen.«

Editorische Notiz

Die Texte wurden entnommen aus: *Victor Auburtins* gesammelte kleine Prosa [Werkausgabe in Einzelbänden], herausgegeben von Peter Moses-Krause, 1994ff.; im einzelnen: »Blumensprache«, zuerst gedruckt 1923 im *Berliner Tageblatt*, ist enthalten in *Einer bläst die Hirtenflöte* [Band 4 der Werkausgabe; in Vorbereitung]; ebenda auch »Heringsdorf«, »Berlin badet«, »Helgolands neues Profil«, die Titelgeschichte »Sand und Sachsen«, »Heines Insel« und »Die Macht der Sterne«, alle zuerst gedruckt im *B. T.* 1911; sowie »Wir Ebenbilder Gottes« und »Friesland, Föhr, Amrum«, *B. T.*-Druck 1922, und »Der Zauberhut«, 1927. »Grenzen« [*B. T.* 1920] und »Erlebt etwas!« [1923] gehören zu den gesammelten Reisefeuilletons von *Inventur in den Koffern* [fünfter Band der Werkausgabe; in Vorbereitung]. Die anderen sieben Feuilletons stammen aus den Jahren 1921/1922, wurden zuerst im *B. T.* gedruckt und von Auburtin 1922 in die Buchausgabe seiner Nachkriegsminiaturen *Ein Glas mit Goldfischen* aufgenommen [Neuausgabe in *Pfauenfedern etc.*, dem ersten Band der Werkausgabe, 1994].

Die Vignetten [Bleistiftzeichnungen] von Wolfgang Würfel in Glienicke entstanden im Sommer 2000 für die vorliegende Ausgabe. – Das Umschlagbild von Paul Scheurich war 1921 ein Titel der Ullstein-Zeitschrift *Die Dame*. Wir danken dem Ullstein Verlag Berlin und München für die freundliche Abdruckgenehmigung.

Satz und Repros Werner Schwartz in der FotosatzWerkstatt Tempelhofer Ufer 21 GmbH in Berlin [Kreuzberg] · *Druck* Offset Druck Pohland in Augsburg · © 2000 by Das Arsenal. Verlag für Kultur und Politik GmbH in Berlin [Charlottenburg]

Inhalt

Vorbemerkung *Seite 5*
Blumensprache *9*
Die Insel *10*
Spaziergang durch die Natur *12*
Das Wrack *14*
Drei Wünsche *16*
Berlin badet *18*
Heringsdorf *22*
Heines Insel *27*
Wir Ebenbilder Gottes *31*
Helgolands neues Profil *32*
Nach Norden *37*
Austern im Sommer *39*
Friesland, Föhr, Amrum *41*
Sand und Sachsen *46*
Die Macht der Sterne *50*
Erlebt etwas! *52*
Der Zauberhut *54*
Irrungen der Zeit *56*
Grenzen *58*
Editorische Notiz *60*

Für alte und neue Auburtinisten

»Ich zweifle nicht«, schrieb der Feuilletonist Walther Kiaulehn zu seiner kleinen, längst vergriffenen Auburtin-rororo-Auswahl, »daß jeder Leser sofort ein zweites Exemplar kaufen wird, um es zu verschenken. Man kann gar nichts Besseres tun. Bringt man seine Freunde mit Auburtin zusammen, dann haben sie wenigstens einen Bekannten, mit dem sie sich überall sehen lassen können.« Deshalb empfehlen wir Ihnen zur Hebung Ihrer Reputation und zum eigenen Vergnügen:

Victor Auburtins gesammelte kleine Prosa. Werkausgabe in [sechs] Einzelbänden, herausgegeben von Peter Moses-Krause; in schönen Pappbänden mit Fadenheftung. Reihen-ISBN 3 921810 73 6

Bisher sind erschienen:

Pfauenfedern und Ein Glas mit Goldfischen. Miniaturen und Feuilletons 1921/1922. [Werkausgabe, erster Band] 228 Seiten. ISBN 3 921810 74 4

Die Onyxschale und Die goldene Kette sowie andere kleine Prosa aus dem »Simplicissimus« bis 1911. [Werkausgabe, zweiter Band] 248 Seiten. ISBN 3 921810 25 6

Was ich in Frankreich erlebte und die Literarischen Korrespondenzen aus Paris 1911–1914. [Werkausgabe, dritter Band] 476 Seiten. ISBN 3 921810 26 4

In Vorbereitung:

Die Hirtenflöte. Einer bläst die Hirtenflöte [1928] sowie die Feuilletons aus dem »Berliner Tageblatt« bis 1928. [Werkausgabe, vierter Band] ca. 480 Seiten. ISBN 3 921810 27 2

Inventur in den Koffern. Nach Delphi [1925] und andere Reisefeuilletons. [Werkausgabe, fünfter Band] ca. 360 Seiten. ISBN 3 931109 33 X

Alle Bände sind einzeln erhältlich oder zur Subskription.

Außerhalb der Werkausgabe ist erschienen

Herr Brie oder Katzen und andere. Geschichten. Mit Zeichnungen von Théophile-Alexandre Steinlen. Ausgewählt und mit einem Vorwort von Peter Moses-Krause. 72 Seiten. Engl. Brosch. mit Fadenheftung. ISBN 3 931109 06 2

Durchschnitt durch Potsdam oder Lob der Langsamkeit. Geschichten vom Déjà vu. Ausgewählt und mit einem Vorwort von Peter Moses-Krause. Mit Photographien von Fritz Eschen. 52 Seiten. Engl. Brosch. mit Fadenheftung. ISBN 3 931109 08 9

In Vorbereitung:

Selten am Alexanderplatz. 66 Berliner Feuilletons. Mit einem Vorwort von Heinz Knobloch. ca. 120 Seiten. Engl. Brosch. mit Fadenheftung. ISBN 3 931109 07 0

Im Verlag **Das Arsenal** in Berlin-Charlottenburg. In jeder guten Buchhandlung.